Abt Odilo Lechner
Winfried Nonhoff

Wohin gehen wir?

Abt Odilo Lechner
Winfried Nonhoff

Wohin gehen wir?

Gedanken über Tod und Ewigkeit

Vier-Türme-Verlag

Was will dieses Buch?

Es gibt besondere Augenblicke im Leben. Da kennen sich zwei Menschen seit Jahren durch viele Begegnungen. Der eine ist der zweiundachtzigjährige ehemalige Abt des Benediktinerklosters in München, Odilo Lechner; der andere der zwanzig Jahre jüngere ehemalige Verleger Winfried Nonhoff. Sie treten in einen Austausch – erst mündlich und dann schriftlich. Daraus entstehen einige Briefe über Erfahrungen mit dem und Haltungen zum Tod.

Die Briefform in diesem Buch dient dazu, sich in gewollter Knappheit über persönliche Ansichten zu verständigen, oft genug fragend. Nie kann und will dabei der innerste Kern dieser Fragen erklärt oder abschließend ausgeleuchtet werden. Das wäre den Schreibenden auch nicht wichtig gewesen.

Horizonte werden dagegen ansichtig. Wer sich ihnen nähert, gelangt zu weiteren Ausblicken. Ein Horizont löst den anderen ab. Das ist bei allen wesentlichen Fragen so. Sie müssen gestellt werden, doch alle stellen sie anders. Nur Antwort-*Richtungen* kann es geben. Der Sog der Fragen aber bleibt. Wie sollte es bei »Gedanken über Tod und Ewigkeit« anders sein?

Schlimm wäre allein, wenn keine Fragen mehr gestellt würden. Dann wären wir nämlich gerade beim Lebensthema »Tod« um entscheidende Entwicklungen und Einsichten für unsere Gegenwart gebracht.

Wir wollen mit unseren Briefen anregen, die ureigenen, immer individuellen Fragen in den Horizont des *Ewigen* hineinzustellen. Der persönliche Austausch, der uns beiden geschenkt wurde, möge auch andere zum gemeinsamen Fragen und Suchen anregen.

Abt Odilo Lechner • Winfried Nonhoff

1

Lieber Winfried Nonhoff,

wir unternehmen also das Wagnis, uns Briefe über Leben und Tod zu schreiben.

Gerade wenn wir älter werden, spüren wir, dass die Tage immer schneller vergehen. Die Bilder, die uns die Medien zeigen, wechseln immer rascher, die Nachrichten überschlagen sich und unsere Tage scheinen immer kürzer zu werden. Wir spüren den Unterschied zwischen der in Zahlen messbaren Zeit und der erlebten Zeit, wie ihn Augustinus im 11. Buch seiner *Confessiones* beschrieben hat. Die Gegenwart kommt ja aus der erwarteten Zukunft und geht sofort über in die Vergangenheit. Wir bewegen uns zwischen dem, was noch nicht ist, und dem, was nicht mehr ist. Die Gegenwart zerrinnt. Ein »implicatissimum aenigma«, ein verwickeltes, unlösbares Rätsel nennt Augustinus die Zeit.

Und doch suchen wir im zeitlichen Vergehen nach etwas Bleibendem.

Sie hatten in Ihrer bisherigen Tätigkeit als Verleger einen, wie ich mir vorstellen kann, ebenso interessanten wie schwierigen Beruf. Immer wieder neue Vorhaben, neue Techniken, neue Bücher, immer wieder ganz verschiedene Vorstellungen und Ansinnen von Lesern und Autoren, immer wieder die Frage: Was ist wertvoll und lesenswert – und was verkauft sich gut? Die Gratwanderung zwischen bleibenden Werten und Augenblicksinteressen war zu meistern. Ich kann mir vorstellen, dass es etwas Schönes ist, ein Buch in der Hand zu haben, an dem schon lange gearbeitet und um dessen Gestalt auch immer wieder gerungen wurde. Nun ist es da. Viele Gedanken und Überlegungen haben eine bleibende Gestalt gewonnen. So ist es bei manchen Werken des Menschen: beim Bau eines Hauses, beim Schaffen eines Kunstwerks, beim Abfassen eines Gesetzestextes. Sie werden, so hoffen wir, unsere Lebenszeit überdauern. Und doch wissen wir: Auch diese Werke sind vergänglich, so stolz wir vielleicht auch auf sie sind. Aber zutiefst suchen wir nach dem Bleibenden, mit Augustinus nach dem ewigen Urwort, dem alles Zeitliche entspringt. »Im Inneren des Menschen wohnt die Wahrheit«, sagt Augustinus. Dort können wir uns unseres Ursprungs vergewissern, für einen Augenblick das Ewige berühren, das Ganze des Lebens erahnen. »Was ist das, was je und je in mir aufblitzt, mir das Herz trifft, ohne es zu versehren? Beides – ich erschrecke, ich entbrenne: erschrecke darüber, weil ich dem so ungleich bin, entbrenne danach, weil ich so sehr ihm gleiche. Die Weisheit ist es, die Weisheit selber, die in mir da aufblitzt, das Gewölk um mich zerreißend.« (Augustinus, Confessiones, 11,9) Freilich gesteht er, dass er in ihrem Anblick nicht verharren kann.

Auf dieses Ewige ist das klösterliche Leben, das ich vor sechzig Jahren beginnen durfte, ausgerichtet. Aber selbstverständlich sind wir auch im Kloster dem Wechsel der Zeit ausgesetzt, der Flucht der Gedanken und Tätigkeiten, der Zerstreuung ins Viele. Auch wenn ich – allerdings erst mit zweiundsiebzig Jahren – das äbtliche Amt mit seinen vielen Verpflichtungen abgeben durfte, merke ich doch, wie viele Aufgaben, aber auch Ablenkungen mich weiterhin in Beschlag nehmen. Als junger Mönch, Priester und Abt hatte ich immer gedacht: Mit sechzig Jahren werde ich mich dann ganz auf das Ewige hin konzentrieren. Aber diesen Vorsatz habe ich immer wieder um fünf Jahre hinausgeschoben, auch noch über den achtzigsten Geburtstag hinaus, den ich im Jahr 2011 feiern durfte. Es bleibt weiter meine Aufgabe, mitten im Vergänglichen das wahrhaft Bleibende, in aller zeitlichen Bedrängnis das Ewige, in allem, was mich beschäftigt, Gott zu suchen.

»Ob einer wahrhaft Gott sucht« – das zu prüfen fordert Benedikt von Nursia, wenn einer das klösterliche Leben beginnt. Auch wenn einer seiner Mönche Priester geworden ist, es bleibt seine Aufgabe, dass er »mehr und mehr auf Gott zuschreite«. Dieser Weg zu Gott führt freilich unweigerlich auch zu unserem Sterben, zu unserem Tod.

Lieber Abt Odilo,

ja, wir können uns Briefe über den Tod schreiben. Fast entmutigend uferlos scheinen die möglichen Zugänge. Kommt dazu, dass ich über etwas schreiben soll, das im Letzten von mir persönlich noch nicht gekannt sein kann. Natürlich gibt es unendlich viele Zeugnisse von Menschen, die über Sterben und Tod nachgedacht haben. Wir kennen die Erzählungen derer, die andere zum Tod begleitet haben. Wir wissen um die Grausamkeiten, die Menschen in der Geschichte anderen antaten und die zum Tode führten. Dann und wann lesen wir Texte aus Dichtung, Philosophie und Religion über den Tod. Vielleicht staunen wir über Todes-Heroen und tapfere Meister des Sterbens.

Und dennoch spüre ich: Mein Tod wird für mich ein Rätsel bleiben. *Dass* ich sterben werde, ist sicher. *Wie* ich sterben werde, ist unausdenkbar offen.

Und wie wird mir der Tod begegnen? Als ein Freund? Als ein ersehntes Ereignis? Als das Ende eines aussichtslosen Kampfes? Als ein plötzliches Geschehen, das mich unvorbereitet antrifft? In der Maske namenlosen Schreckens? Als für gewiss geglaubte Tür in ein anderes Leben?

Kann der Tod mein Bruder sein oder gar allmählich werden?

Wohl kann ich über meine Gefühle diesem Gevatter gegenüber Auskunft geben. Doch dazu bedarf es der *erlebten* Anstöße und Anlässe. Obwohl ich so jung nicht mehr bin, sehe ich, dass ich viele, vielleicht die meisten Augenblicke meines Lebens den Bruder Tod nicht besuche, ihm eher ausweiche oder vielleicht sogar sein Anklopfen überhöre.

Kann es sein, dass ich diesen Briefwechsel mit Ihnen führen möchte, weil Sie, ein Mönch in hohem Alter, aufgrund Ihrer Lebensform mit jenem Bruder stetiger, ständiger und selbstverständlicher Umgang pflegen? Und weil ich an Ihnen sehe, dass dieser vermutete »Todeskontakt« nicht zu Lebens-Traurigkeit, dauernder Melancholie und Daseinverachtung führen muss?

Wie könnte das gelingen, dass wir den Tod bedenken, das Sterben anderer erleben und doch herzhaft lachen können?

Ich will noch einmal etwas anders ansetzen. Ich beobachte bei mir in diesen Monaten, dass ich Todes-Geschichten, Geschichten von mir lieben oder weniger bekannten Menschen spontan als Lebens-Geschichten, als Geschichten von Lebenden bedenken und erzählen möchte.

Das scheint nur auf den ersten Blick paradox. Da stehe ich in einer bestimmten Entscheidungssituation und ziehe plötzlich meinen vor weit mehr als zehn Jahren verstorbenen Vater zu Rate. Da erlebe ich mit Freunden weinreiche Urlaubswochen, und nach einem köstlichen Abendessen erheben wir unser Glas und stoßen auf liebe Verstorbene an, »die jetzt von da oben zusehen und ihren Spaß an uns haben«. Und setzen stillschweigend oder ausgesprochen voraus, dass diese Verstorbenen, die sich zu Lebzeiten nicht gekannt haben, sich jetzt und eben »dort oben« begegnen können, erkennen und miteinander unterhalten.

Oder so: Gerade während ich diesen Brief an Sie schreibe, wird eine Verwandte, hoch betagt, beerdigt: die letzte Brücke in die mütterliche Familie hinein. Niemand mehr kann jetzt aus dieser Richtung Auskunft geben. Und wieder das Phänomen der Todes-Geschichten, die zu Lebens-Geschichten werden: Ich sitze bei dieser Verwandten im Wohnzimmer, ganz gegenwärtig, wir sprechen, wir essen und trinken, ganz nah, ganz sinnenecht. Ich rieche den Duft ihres Parfüms und des für mich gekochten Lieblingsessens.

Ich muss so ausgiebig über diese Art vergegenwärtigender Erinnerung – fast ein zu schwaches Wort – schreiben. Mit den Jahren wird mir der Umgang mit dem Tod zum zulassenden Umgang mit den Toten. Und das bewegt mich sehr. Ich erlebe auch Verstorbene, die ich nicht gekannt habe, die aber mir lieben Menschen viel bedeuten, als nah: Ich kann sie mir vorstellen, sie auch »hören«.

Ist das psychologisch grenzwertig? Sollte das heftigst und schleunigst aufgeklärt werden? Nicht ganz unbekannt sind mir Theorien, die meine Erfahrungen scheinbar rational und allzu rasch einordnen wollen. Ich möchte aber dabei bleiben: Todes-Geschichten werden mit den Jahren zu Lebens-Geschichten.

Worauf ich also hinaus will: Beginnt unser Ahnen, Nachdenken und Sprechen über den Tod nicht personenintensiv und konkret zu werden, wenn wir von der lebendigen Verbindung von Tod und Leben, von Toten und Lebenden ausgehen? Womöglich sind wir nicht nur »mitten im Leben vom Tod«, sondern auch »mitten im Tod vom Leben« umfangen.

Gibt es nicht viele, viele Signale und Spuren in unserem Leben, die uns darauf aufmerksam machen wollen, dass der Tod eine Gestalt unseres *Lebens* ist? Könnte es uns gelingen, über den Tod so zu reden, dass er als Zuspitzung unseres Lebens gesehen wird, als das ständig und stetig waltende Geheimnis unserer Lebendigkeit? Das macht ihn nicht klein, nimmt ihm nicht seine schmerzliche Endgültigkeit, kann ihn aber vielleicht tatsächlich zum vertrauteren Bruder werden lassen.

2

Lieber Winfried Nonhoff,

»mein Tod wird für mich ein Rätsel bleiben«, schreiben Sie in Ihrem Brief. Sie zeigen, wie vielfältig Sie sich über den Tod Gedanken gemacht haben. Das ist nicht selbstverständlich; wir erleben ja heute immer wieder, wie sehr Menschen den Tod verdrängen. Wir erfahren zwar tagtäglich aus den Medien von vielen Katastrophen mit einer großen Zahl von Todesopfern. Wir blicken in der Tageszeitung oft auf eine ganze Seite von Todesnachrichten. Aber für viele Menschen ist es doch so, als würde es sie nicht betreffen. Wenn ein uns naher Mensch stirbt, sind wir oft hilflos und suchen rasch darüber hinwegzukommen. Und doch: Der Tod gehört zum Leben, auch zu meinem eigenen Leben. Und dieser Gedanke muss uns nicht erschrecken. Der heilige Benedikt empfiehlt seinen

Mönchen im Regelkapitel über die Werkzeuge der geistlichen Kunst: »Den unberechenbaren Tod täglich vor Augen haben.« Das ist nicht lebensfeindlich und bedrückend, sondern befreiend. So schreibt Wolfgang Amadeus Mozart an seinen Vater: »Ich lege mich nie zu Bette, ohne zu bedenken, dass ich vielleicht den je anderen Tag nicht mehr sein werde. Und es wird doch kein Mensch sagen können, dass ich im Umgang mürrisch oder traurig wäre. Für diese Glückseligkeit danke ich alle Tage meinem Schöpfer.«

Ja, es ist befreiend, sich der Wahrheit des eigenen Lebens und seiner Ganzheit zu stellen. Zum Ganzen des Lebens gehören die Aufstiege und Abstiege, die Freuden und Leiden und auch das irdische Ende. Der Blick auf dieses Ende kann die rechten Maßstäbe geben und auch eine große Gelassenheit. Wenn ich mir vorstelle, ich würde auf dem Sterbebett auf mein Leben zurückblicken, dann erschiene mir wohl manches, was mir im Augenblick ungeheuer wichtig ist, als ziemlich belanglos. Über was ich mich heute so ärgere, darüber kann ich später nur lächeln.

Der Stolz über einen heutigen Erfolg wird mir dann gänzlich unbegreiflich erscheinen. Die ausgelassene Freude eines vergnügten Abends wird vielleicht schon in der Katerstimmung des nächsten Morgens verflogen sein. Aber der Blick von einem Berggipfel in die Weite einer Landschaft, die Übereinstimmung mit einem lieben Menschen, ein Werk der Nächstenliebe, der Tröstung und Hilfe, aber auch die Befreiung aus einer schwierigen Situation – all das würde mich wohl auch auf dem Sterbebett noch freuen. Vor allem würden mich dann die Momente glücklich machen, in denen ich die Nähe Gottes spürte, mich im Einklang mit seinem Willen fühlte oder auch die Gemeinschaft der an ihn Glaubenden erfuhr.

Hier wird die Bedeutung meines Glaubens offenbar, des Glaubens an den lebendigen Gott. Er gibt mir durch Christus die Gewissheit, dass er mich voll Liebe anschaut, mich nicht vergisst, mich nicht ins Nichts zurückfallen lässt, sondern durch das Sterben hineinführt in die Gemeinschaft mit ihm. Darum heißt die Weisung Benedikts in jenem Kapitel auch: »Das ewige Leben mit allem geistlichen Verlangen ersehnen.« Wir Menschen leben auf Zukunft hin, in Erwartung, in Sehnsucht. So schreibt Benedikt in seinem Regelkapitel über die Fastenzeit, wir sollten in ihr »mit der Freude geistlicher Sehnsucht das heilige Osterfest erwarten«.

Ein Leben, in dem wir nichts mehr ersehnen, nichts Gutes mehr erwarten, wäre sicher ein trauriges Leben. Der Glaubende freilich weiß, dass er selbst in einem beschwerlichen, mühsamen, vielleicht einsamen Altersdasein doch immer noch auf das Bessere, auf das ganz Gute zugeht. Der Christ glaubt, dass er hineingenommen ist in Sterben und Auferstehen Jesu. Das ist ihm in der Taufe zugesprochen. Darum kann er täglich auch mit Christus sterben, d.h., die vielen Dinge, die ihn in Beschlag nehmen, loslassen, um der Liebe Gottes, die sich uns in Christus geoffenbart hat, nichts vorzuziehen. So sagen Sie mit Recht, dass unser Tod eine Gestalt unseres Lebens ist, die Zuspitzung unseres Lebens. So kann er fürwahr ein »vertrauter Bruder« werden.

Lieber Abt Odilo,

ich muss noch einmal auf die vielen, so unterschiedlichen Gesichter des Todes zurückkommen, denn je nach erlebten Sterbe- und Todessituationen werden auch die inneren und äußeren Haltungen dazu unterschiedlich sein. »Vertrauter« scheinen uns Situationen, wo Leben aufgrund des Alters zu Ende geht. Doch schon da reißen uns Befürchtungen mit: Wird es lange dauern? Wird das Sterben mit großen Schmerzen verbunden sein? Werde ich vielleicht zur unerträglichen Last für meine Umwelt?

Ein anderes Schreckensszenario: Mir liebe Menschen gehen vor mir. Eigentümlich, dass unsere Todesangst häufig die Angst vor dem Verlust anderer meint.

Und weiter: Ihre Generation, Lieber Abt Odilo, hat noch, wie so viele Menschen der gegenwärtigen Welt anderswo, Todesgefahren durchlebt: durch politischen Terror, durch Krieg und durch gesellschaftliche Systeme der Verfolgung und der Unterdrückung.

Ganz zu schweigen davon, dass wir hier in Mitteleuropa nur selten den Tod durch Naturgewalten und –katastrophen kennen. Doch wie zerbrechlich sind solche glücklichen Sicherheiten! Erinnern Sie sich noch an Tschernobyl? Oder jüngst Fukushima? Plötzlich lauert der große Tod auch vor der eigenen kleinen Haustür.

Ist es also nicht doch so, dass meine Hoffnung auf brüderlichen Umgang mit dem Tod eine vergleichsweise beruhigte Sterbe-Erwartung voraussetzt, eine vielleicht naiv angenommene »Nicht-Plötzlichkeit«, eine verdrängte »Nicht-Brutalität« des Todes oder der Todesumstände? Aber ist das nicht wirklich auch ein Glück?

Es könnte sein, dass ich ohne äußere Gewaltanwendung sterben werde. Das scheint sogar wahrscheinlich ... Und doch zittern die Knie, weil sehr schnell andere Umstände denkbar werden.

Vor diesem Hintergrund erschrecken mich Wunschträume nach einem unterstützten Tod. Sie verführen und locken, wenn in sich ruhende, souveräne, im Vollbesitz ihrer Kräfte handelnde, starke Persönlichkeiten ihrem Leben dann ein Ende setzen wollen, wenn *sie* es wollen. Kaum ein rationales Argument finde ich, das diese Souveränität entkräftet. Doch was lauert möglicherweise hinter solchen Bestrebungen? Könnte ein gesellschaftlicher Regelungsbedarf sich des Lebensendes allzu entscheidungsfroh annehmen? Plötzlich taucht doch ein sehr modernes äußeres Bedrohungsszenario auf: Darf ich einst langsam sterben? Darf ich andere mit mir belasten? Darf ich – wie alle anderen auch – meinen eigenen Tod leben? Oder werden fremdbestimmte Interessen an sterbenden Menschen die Oberhand gewinnen: von Rationalisierungsmaßnahmen, Pflegekosten ... bis hin zu habgierigem Organgebrauch.

Je genauer ich unsere Tode anschaue, desto unheimlicher gerät das zu entwerfende Bild. Und vieles wäre noch dazuzuzeichnen.

Nur einen Tod will ich noch deutlicher vergegenwärtigen: den Suizid – in all seinen kaum ausdenkbaren Verstehbarkeiten und Verlorenheiten. Ihn umhüllt ein nicht auflösbares Geheimnis, ein so großes, dass ich gerade hier Gott »wirken« sehe: denn wo Abgründe, da immer *Er*!

Müssten sich nicht deutlich und öffentlich die religiösen, die christlichen, die kirchlichen Haltungen zum Suizid verändern? Für mich rührt er direkt an das abgründige Geheimnis göttlichen Lebens, bis bin zur Denkarbeit des Rückgabewunsches meines Lebens an *Ihn*. Verzweiflung, Rebellion, panische Ausweglosigkeit, Irresein: Das alles sind mögliche Gestalten des Suizids. Aber immer nur ein Schrecken? Vielleicht ist der Suizid auch aus Freundschaft mit dem dunklen Bruder Tod »leistbar«?

Ach, die dunklen Grundierungen meines Todes-Bebilderungs-Versuches werden doch kräftiger. Und das – wie schon beschrieben –, obwohl wir so wenig wie selten zuvor in der Geschichte auf den ersten Blick tödlich bedroht sind. Doch wer vermag letztlich abzuschätzen, was Bedrohung für Einzelne meint und wie sie sich jeweils darstellt?

Dennoch möchte ich meinem Todes-Bild noch einige leuchtende Farben hinzumalen. Denn warum kann ich – bis heute jedenfalls – häufig auch ohne Angst an den dunklen Bruder denken, mich an ihn heranfühlen? Gibt es vielleicht doch eine Art *Befreundungs-Training* mit ihm? Der Tod ein Freund, mein Freund? Kann es eine gleichsam göttliche Gelassenheit im Umgang mit diesem Bruder geben, der doch so engstens mein Leben bestimmt?

Ich möchte diesen Brief fast mit einem Anruf an meinen Gott schließen: Du, meine Lebendigkeit, in der ich bin, die sich immer und einst wandelt, sich klärt zu dir hin ... Je älter ich werde, desto mehr will ich glauben, dass wir doch nicht zuschanden werden. Denn wie sollte das, was unsere Lebendigkeit ist – *Er* –, unser Leben vernichten können? »Mein Trauerkleid hast du gelöst, mich gegürtet in Freude.« (Psalm 30)

3

Lieber Winfried Nonhoff,

der Tod – ein vertrauter Bruder oder doch ein bleibender Schrecken? Ist er einfach der Schritt zum Nichts – dass nichts von dem, was mir vertraut und lieb ist, von mir selber da sein wird? Führt er zu einem furchtbaren Gericht über mein Leben und zu künftigen Höllenqualen? Das hat viele Menschen früherer Generationen sehr gequält: Werde ich vor dem Gericht bestehen können? Heute haben viele Menschen noch mehr Angst vor einem qualvollen, schrecklichen Sterben, dem sie nicht entrinnen können. In diesem Zusammenhang schneiden Sie auch das Problem des Suizids an. Die verschiedenen Auffassungen zeigen sich schon in den möglichen Übersetzungen dieses Worts: Selbstmord oder Freitod. Sicher haben wir heute eine andere Beurteilung des Selbstmords als früher. Er ist für den Psychiater oft der Endpunkt einer Krankheit, einer tiefen Depression. Da ist keinerlei Sinnzuweisung möglich. Die Verweigerung etwa eines christlichen Begräbnisses wäre da in keiner Weise gerechtfertigt. Und sicher gibt es auch die Situationen, in denen der Tod gerade aus moralischen Erwägungen gewählt wird, etwa um andere durch ein erpresstes Geständnis nicht zu gefährden, um den Tyrannen keine Handhabe zu geben, um der Familie den unausweichlichen Weg in ein Vernichtungslager zu ersparen.

Ganz sicher ist uns Menschen kein Urteil über die tiefsten Nöte eines Menschen und seine letzten Schritte möglich. Die Geschichte zeigt freilich auch ganz verschiedene theoretische Beurteilungen des Selbstmords – von den großen antiken Philosophen wie Sokrates, Platon und Aristoteles bis hin zu Kant –, die die Tötung des dem Menschen anvertrauten Lebens nicht erlauben. Dem gegenüber steht schon die Auffassung von Stoikern und Epikuräern, die den Akt der Freiheit des Menschen achten. Wenn die Freiheit das höchste Gut des Menschen ist, dann würde die Freiheit des Menschen sich gerade darin aufgipfeln, dass ein Mensch, der sich nicht selbst Leben und Lebensbedingungen schaffen kann, sich entschließt, dem Leben ein Ende zu setzen, wie es als Vertreter eines extremen Existenzialismus etwa Jean Améry vertreten hat.

Aber solche Freiheitsauffassung setzt sich darüber hinweg, dass das Leben uns als Aufgabe anvertraut ist, eine Aufgabe, die nicht nur den eigenen Wünschen, Planungen und Entscheidungen entspringt, sondern uns gegeben ist. Ich erinnere mich noch an den in der Schule der Nazizeit gelernten Spruch: »Geld verloren – manches verloren; Gesundheit verloren – viel verloren; Ehre verloren – alles verloren.« Wenn man die Ehre verloren hat, so wurde uns hier suggeriert, lohnt es sich nicht mehr zu leben. Dabei ist es doch eine große menschliche Aufgabe, zu einem Fehlverhalten zu stehen und seine Folgen zu tragen. So kann es auch eine Aufgabe sein, dann, wenn der Mensch keine seiner gewohnten Aktivitäten mehr entfalten kann, doch den Weg der Reifung im Leiden weiterzugehen, es tapfer zu ertragen und zu erdulden. Wer kann schon ermessen, was etwa im Leiden noch an positiver Wirkung, an Liebe und Gutem von einem Menschen ausgehen kann.

Für mich ist es ungemein erhellend, was Dietrich Bonhoeffer im Gefängnis 1944 in seinem Gedicht »Stationen auf dem Wege zur Freiheit« geschrieben hat. Er benennt vier Stationen: Die erste ist Zucht – »Zucht der Sinne und deiner Seele, dass die Begierden und deine Glieder dich nicht bald hierhin, bald dorthin führen«. Die zweite ist Tat – »nicht im Möglichen schweben, das Wirkliche tapfer ergreifen«. Die dritte ist Leiden – »Ohnmächtig ... siehst du das Ende deiner Tat. Doch ... legst du das Rechte ... in stärkere Hände«. Die vierte Station schließlich ist der Tod – »höchstes Fest auf dem Wege zur ewigen Freiheit«. Im Angesicht Gottes, nicht in uns selber finden wir die Vollendung der Freiheit. Unsere endliche Freiheit kann sich nicht absolut setzen, sondern findet ihre Vollendung in dem, der die vollkommene Freiheit selber ist. Wenn wir an diese Freiheit glauben, verlieren alle Ängste vor dem Scheitern unserer Lebensentwürfe und die Qualen des Leidens den unüberwindbaren Schrecken, weil alles – Leben und Wirken, Leiden und Sterben – Weg zur Fülle ist.

Lieber Abt Odilo,

das ist das eine: Wir werden sterben, in den Tod hineinwachsen, in nicht planbarer Weise. Möglicherweise mit allem Schrecken, möglicherweise mit großer Offenheit. Wer weiß ... Das andere aber wäre, sich aufzumachen, sich auszusetzen, sich zu gewöhnen an den dunkel-hellen Bruder, den Gevatter und eben möglicherweise Freund. Können wir etwas dafür tun, beruhigter zu werden im Blick auf unser Ende?

Ich jedenfalls kenne in mir eine große Sehnsucht nach Beruhigung, ja Normalisierung meiner Gefühle im Bedenken des Todes. Dann und wann gelingt mir ein fast angstfreies Verweilen beim Ende – ohne den Angstschluck in der Kehle. Könnte das ab einem bestimmten Zeitpunkt im Leben zu einem Übungsweg werden? Ich hatte Ihnen schon vom Befreundungs-Training mit dem Tod geschrieben. Welche Rolle spielt hier das Meditieren, das zwar all meine Unsicherheiten hervorruft, sie aber wandern lässt, um sie dann mit all den aufsteigenden Gedanken gleichsam ins Leere laufen zu lassen?

Ich stelle mir vor, dass das, was einst unter dem »Gebet für eine gute Sterbestunde« gemeint war, mir heute zum Befreundungs-Training werden könnte. Wie klingt das in Ihren Ohren? Wie könnte so etwas aussehen? Kann das gelernt werden?

Dann aber sperrt sich wieder etwas in mir, wenn ich an »durchmeditierte« Menschen denke, die allem Schrecken dieser Welt ihr antrainiertes Lächeln entgegenhalten. Dieses »Egal« auch den persönlichen Ängsten und dem Gang der großen Geschichte gegenüber, wirkt auf mich wie meditativ ruhiggestellte Gleichgültigkeit, ja Gefühlsarmut.

Immer wieder also meine Frage, mein Wunsch nach einer einübbaren »Normalisierung« unserer Beziehung zum Tod, ohne den unbedingten Respekt vor dem Zittern zu tilgen. Niemand muss »schön« – weil »trainiert« – sterben!

Würde uns aber nicht eine die Felsen von unserer Seele wegräumende Befreiung zum Jetzt geschenkt, zu meiner Gegenwart, zur Intensivierung des Lebens, wenn uns die »Normalisierung« des Todes im genannten Sinne glückte? Ohne in jene angesprochene meditative Unangreifbarkeit flüchten zu müssen, könnte die nervöse Überängstlichkeit doch überwunden werden.

Ich denke, auch diese sich langsam einübende Annäherung an mein Ende muss einen sinnvollen Unterschied zwischen meinem *Sterben* und meinem *Tod* machen. Mir scheint manchmal der Tod vertrauter als der unerwartbare Verlauf des konkreten Weges dorthin. Obwohl wir recht besehen diesen Weg Tag für Tag laufen. Wir wären doch eigentlich Meister, Kenner dieses Weges. Wir leben, wir gehen, wir sterben, wir genießen, wir feiern, wir sterben ... Nur: bewusst machen wir uns das nicht oder selten.

Wie gelänge uns die »Entangstung« des Todes? Ist es wirklich nur ein Gedankenspiel, mit der Erkenntnis der Lebenswirklichkeit des Todes eine Intensivierung, eine Steigerung unserer Existenz zu erfahren? Ist Verlustangst, ist Traurigkeit die einzig mögliche Reaktion auf die mir bewusste Tatsächlichkeit meiner Grenze?

In unseren geistigen »Genen« trug vielleicht die Überdramatisierung des Lebensendes bis zum Treten vor Gottes Richterstuhl zu dieser angstvollen Exterritorialität des Todes bei – mit Pauken und Trompeten und den Szenen des Feuerbrandes und der lichtvollen Sphären.

Doch nicht allein um die sogenannten letzten Dinge geht es beim Tod. Es sind die allerersten, die täglichen, die lebendigsten Dinge, die uns ständig anrühren, bestimmen, wenn auch nicht unbedingt bewusst beschäftigen: In uns ist Todes-Wissen als Lebens-Wissen gespeichert. Ließe sich daher religiös nicht auch ganz anders von unserer Todesnähe reden, eben im Sinne der Lebensintensivierung? Aber wie?

Lieber Abt Odilo, die Regel Ihres Ordens kennt – wie Sie bereits schrieben – die Weisung, »das ewige Leben mit allem geistlichen Verlangen zu ersehnen« (Regel Benedikts 4,46). Ist da die Spur zu entdecken, unser gelebtes Leben, unsere Lebendigkeit, als ewig zu verstehen? – Nach solcher Ewigkeit könnte ich mich im Hier und Jetzt wirklich sehnen – ohne Totenschädel-Gruseligkeiten oder Nekrophilie.

Mit neuen Worten: Ich möchte eine Mystik des geliebten Lebens entdecken, die Todesspuren allüberall sieht, die aber in ihnen den urgeheimen Wandlungsprozess aller Lebendigkeit wahrnimmt und angstfrei *Ihm* alles zutraut, in dem wir doch sind – und zwar hier und jetzt und immer.

4

Lieber Winfried Nonhoff,

ja, wie werden wir angstfrei? In Ihrem ersten Brief erwähnten Sie, wie sehr Ihnen manche Verstorbene noch nahe sind. Nicht nur, dass Sie sich an manche Begegnung gerne erinnern, sondern sie scheinen Ihnen gegenwärtig zu sein auch bei anstehenden Problemen. Die Erinnerung an Vergangenes wird zu einer Hilfe für die Gegenwart. Viele Menschen berichten mir, dass sie die Nähe eines lieben Verstorbenen spüren, dass sie ihn um Rat fragen und seine Hilfe erfahren.

Der bekannte Schriftsteller Hanns-Josef Ortheil berichtet in seinem teilweise autobiografischen Roman *Die Erfindung des Lebens* von einem Jungen, der zwar hört und geistig aufnimmt, aber nicht sprechen kann. Ursache ist wohl das Trauma der Mutter, die im Krieg und danach auf tragische Weise vier ältere Brüder des Jungen verloren hatte. Um ihn nicht zu belasten, hat man ihm diese Brüder verschwiegen. Der Vater, der keine Mühe scheut, seinem Sohn die Welt der Sprache zu eröffnen, erzählt ihm dann doch von diesen seinen Brüdern, die nun in der Ewigkeit sind. Das ist ein Schritt zur Gesundung, zur Findung der Sprache. Der Junge empfindet die Existenz der Brüder als befreiend. Er fühlt sich nicht mehr so allein. Auf dem Weg zur Schule, in der ihn seine Stummheit zum Außenseiter macht, besucht er eine kleine Kapelle, in der er nun nicht nur der schönen Maria, sondern auch seinen Brüdern erzählen kann, was ihn belastet und was ihn bewegt.

Es ist mir, etwa bei Trauergottesdiensten, wichtig, dass wir beim Gedenken an unsere Verstorbenen nicht nur an die Vergangenheit denken, sondern dass wir mit ihnen den Schritt vollziehen in ihre neue Weise des Daseins. Sie sind ja einen Weg vorausgegangen, der auch uns noch bevorsteht, den Weg in ein neues Leben, in eine neue Weite. Wir glauben daran, dass sie am Leben Gottes Anteil haben und auch an seiner liebenden Zuwendung zu uns. Die Weise, wie dies geschieht, können wir uns nicht vorstellen. Aber wir glauben, dass Gott kein Einsamer in unnahbarer Ferne ist, sondern dass unzählbar viele an seinem Leben Anteil haben, die Engel und Heiligen, alle, die schon bei ihm sind.

Das ist ja der Trost spendende Sinn aller Verehrung der Heiligen, dass sie als Boten Gottes endliche Zeichen seiner unendlichen Fülle sind, unserer Vorstellung zugänglich. So wird uns das Wirken des geheimnisvollen Gottes an uns Menschen leichter vorstellbar. Es sind ja konkrete Menschen, die uns durch ihre Herkunft, ihren Beruf, durch die Umstände ihres Lebens nahestehen. In unseren Barockkirchen wird oft in einem Deckenfresko ein Heiligenhimmel vor Augen gestellt mit Gestalten, die zu diesem Ort eine besondere Beziehung haben. So darf jeder von uns sich einen persönlichen Heiligenhimmel ausmalen, mit ihm wichtigen Gestalten aus der Geschichte des Christentums, aber auch mit Personen, die ihm in seinem Leben Gutes getan haben und Vorbild wurden. Da wird das Geheimnis des unbegreifbaren, unfassbaren, unendlichen Gottes übersetzt in eine Vielfalt endlicher Farben und Formen. Mich fasziniert am Rand unseres Andechser Heiligenhimmels (von Johann Baptist Zimmermann) immer wieder ein Engel, dessen Gestalt schöner Bestandteil des Deckengemäldes ist, dessen Fuß aber als Plastik in den Raum hereinragt. So wie mein Auge dem Fuß des Engels aus dem Raum der Kirche ins Himmelsfresko folgen kann, so hoffe ich, den Spuren verstorbener Menschen in ein zukünftiges Reich folgen zu dürfen, sie mit meinem Gebet begleitend und auf ihre Begleitung vertrauend.

Lieber Abt Odilo,

starb es sich früher leichter? Mit »früher« meine ich jene Zeiten, wo neben starken Konventionen für das ganze Leben auch Regeln für das rechte Sterben und den Umgang mit dem Tod bereitstanden. Zumindest in bestimmten Teilen der Bevölkerung wusste man wohl, dass Tod und Sterben ins Leben gehören – jedenfalls dann, »wenn es so weit war«. Einverständnis, Einwilligung gar, war dennoch nicht immer vorhanden. Viele Märchen, Schwänke und volkstümliche Legenden handeln davon, dem Tod eins auszuwischen, ihn geschickt zu täuschen oder aber in Rebellion den letzten Weg zu gehen.

Uns sind noch manche der begleitenden Bilder bekannt – für die Schrecken und die Angst vor dem, was danach kommt: Bilder des Gerichts, aber auch der himmlischen Seligkeiten gehörten zum Inventar der religiösen Welt- und Daseinsdeutung. Nie aber, so scheint es mir, durfte ein Todes-Mensch des Himmels sicher sein. Mit Angst und Zittern erwartete man seinen Richter, jetzt und einst.

Tragen solcher Art »Beistände« noch? Hier ist wohl feinfühlige Neuinterpretation gefragt. Welche Hoffnungs- und Trostbilder taugen noch?

Die hohe Individualisierung unserer Lebensbewältigung auch angesichts des Sterbens wird in ihrer Würde und Last jetzt deutlich spürbar. Es ist doch ein Unterschied, ob überkommene Worte und Handlungen mich eingebettet sein lassen in ein »Stirb und Werde«; oder ob ich auf mich allein gestellt auf den eventuellen Beistand mir gewogener Menschen oder gar nur auf mich selbst bauen muss.

Sicher nicht genau genug angesichts einer Ehrfurcht gebietenden Denktradition möchte ich in diesem Zusammenhang noch das Bildmotiv der Seele ansprechen. »Seele« mag doch auch ein solches Trostbild sein: ein Name für mein Persönlichstes, für meinen Anteil am großen Lebensstrom, der mich umfließt und überdauert. Einigermaßen ratlos, manchmal auch entsetzt bin ich, wenn ich sehe, wie hilflos die religiös/christliche »Szene« wirkt, wenn es um die Seele geht. Es stirbt sich anders, wenn ich ein Seelen-Mensch bin und mich so bewohnt sehe von einer Macht, die ich bin und in der ich bin, die mich umfängt, hält und tragen wird!

So liegt mir viel am Bedenken und Aufschlüsseln unserer Bilder – gerade der schwierig zu verstehenden von Sterben und Tod. Sie allzu schnell als überholt und als historisch bedingt wegzuinterpretieren, scheint mir gefährlich. In ihren Schrecknissen und Schönheiten bewahren diese Bilder vermutlich Wahrheiten, die zu vergessen und abzudrängen die bleibende persönliche Rätselhaftigkeit des Todes verharmlost und uns noch dazu wortlos macht.

Noch einmal: Was trägt heute? Was wäre zu retten für uns? Denn Bilder zu Sterben, Tod und dem Geheimnis allen Lebens brauchen wir, wie eben für letztlich alles Unsagbare. Und so stark bin ich nicht gebaut, dass ich mich nicht wenigstens dann und wann festhalten möchte und muss an vertrauten Ahnungen und Andeutungen: eben an Bildern, Gesten, Zeichen und Worten, die zu Zeiten auch wieder gelassen werden können.

Ein große Kunst ist das, im Abschied von gewalttätigen Angstbildern Geländer-Bilder auf dem Weg zu entwerfen: Bilder, die mein Leben hier und jetzt aufgreifen, ihm einen bestimmten Schimmer, einen Vorschein des Ewigen und ein Leuchten geben. Wenn dauernde Lebendigkeit mich durchwirkt, dann können solche Geländer-Bilder gefunden und ausgemalt werden: wie »der Strom«, »der Atem«, »die Geburt« – eben im Tod.

Hier denke ich an die untergründige Tradition der Mystik, die einerseits nicht aufhört, uns zu ermahnen, wir sollten unser Bebildern lassen; die aber andererseits von meinem Beheimatet-Sein im Großen, im Wort des Heiligen und vom »Erkennen« Gottes in meinem Seelengrund erzählt. Immer mehr – jetzt schon, hoffend auch für die Stunde des Todes – möchte ich diesem bilderlosen Sein in *Ihm* trauen können. So wie aber die Mystik einen anspruchsvollen Weg bahnt, so wird das Bilder-Lassen lange eingeübt werden müssen.

Gerade in überwältigend schönen Erfahrungen, wo die Zeit still zu stehen scheint, leuchtet mir so etwas wie ewige Schönheit auf. Dass sie vergeht, weiß ich. Warum aber trauen wir uns nicht, die Schönheit ewiger Lebendigkeit im Hier und Jetzt als Ausgangspunkt, als Brückenerfahrung für jene unausdenkbare Lebendigkeit nach unserem Tod zu nehmen? Diese Brückenerfahrungen sind doch Lockmittel für meine Seele, sich in Sterben und Tod auf *Ihn* zu verlassen, seine Lebendigkeit, und auch dafür, wirklich loszulassen und das vertraute Lebenshaus zu *ver*lassen.

5

Lieber Winfried Nonhoff,

ja, es ist wichtig, wenn auch nicht ganz leicht, alles loszulassen. Aber der Blick auf mein individuelles Leben, meine persönliches Suche nach Gott und ihre Vollendung im Hinübergang in die Ewigkeit kann für mich als Christen nicht für sich isoliert bleiben, sondern weitet sich zu einem Blick auf die ganze Geschichte der Menschheit. Gerne erzähle ich von einem Schulerlebnis im September 1943, das mir sehr in Erinnerung geblieben ist. Damals, also mitten im Zweiten Weltkrieg, war ich in die 3. Klasse des Münchner Wilhelmsgymnasiums aufgerückt. Unsere Schule war von großen politischen Spannungen geprägt, und darum waren wir durchaus neugierig, welche Einstellung ein uns neuer Lehrer hatte. Der neue Geschichtslehrer begann seinen Unterricht mit einer Frage: Was, Buben, glaubt ihr, ist das wichtigste Ereignis der Weltgeschichte? Wir wären keine Schüler gewesen, wenn wir nicht überlegt hätten: Was will der Lehrer hören? So nannte einer den Anfang des Jahresstoffes Mittelalter: die Völkerwanderung. Der Lehrer lächelte und antwortete: »Nein, das ist nicht das wichtigste Ereignis.« Und das war auch seine Antwort auf alle unsere ratenden Aussagen wie: die Reformation, Friedrich II. oder zeitgemäß der jetzige Weltkrieg oder ganz opportun die nationalsozialistische Machtergreifung. Schließlich waren wir am Ende all unserer Geschichtskenntnisse. Da sagte der Lehrer in die Stille unserer Ratlosigkeit hinein: »Das wichtigste Ereignis unserer Weltgeschichte ist natürlich das Ereignis, nach dem wir unsere Jahre zählen.« Für die Christen unter uns war es etwas beschämend, dass keiner das zu sagen gewagt hatte, ja nicht einmal gedacht hatte. Zugleich war es eine freudige Erkenntnis: Dieser Lehrer steht der Ideologie des Dritten Reiches gänzlich fern. Da ist mir anfanghaft aufgegangen, was für den christlichen Glauben Weltgeschichte ist – nicht eine sinnlose

Folge von Fakten, von Eroberungen und Niederlagen, von Katastrophen und Aufstiegen. Vielmehr ist da trotz aller Dunkelheiten ein großer Zusammenhang, der vom Ursprungssegen für Schöpfung und Entwicklung hinführt zu einem letzten Ziel, zur Verwandlung der Welt. Und er hat eine Mitte: Die Fülle, die Anfang und Ende umfasst, ist in diese Geschichte eingetreten und geht mit uns durch die Zeiten. Und wir alle – auch auf unserem winzigen Platz auf der Erde und in der kurzen Spanne unserer Zeit – sind mit einbezogen in die Aufgabe, dem Ziel der Geschichte zu dienen. Keiner lebt für sich allein. Wir alle sind dem Kommen des Gottesreichs verpflichtet. Darum dürfen wir nicht nur voll Hoffnung auf das Ende des eigenen Lebens, sondern auch auf die Vollendung der gesamten Menschheitsgeschichte blicken. Wenn wir glaubend erwarten, dass Christus wiederkommt, »zu richten die Lebenden und die Toten«, ist dies ein tröstliches Licht in allen Dunkelheiten der Geschichte. Nichts an dieser Geschichte ist belanglos, unwichtig, dem Vergessen anheim gegeben.

Auch die besten Geschichtsbücher berichten nur einen Bruchteil des Geschehens und sehen vieles falsch. Nein, kein Gedanke und keine Tat der Menschen aller Völker und Zeiten sind unwichtig. Nur Gott sieht alles zusammen, sieht Wert oder Unwert aller Ereignisse. An seiner Sicht erhalten wir Anteil bei der Vollendung, die wir Letztes Gericht nennen. Da leuchtet endlich die Gerechtigkeit auf, die wir immer wieder ersehnten. Die Unterdrückten, die Verfolgten, die zu kurz Gekommenen, die Behinderten, die zu früh Gestorbenen erkennen, dass ihr Leben, ihre guten Absichten, ihr Leiden nicht sinnlos und vergeblich waren und dass der Triumph der Mächtigen, der Betrüger und Rücksichtslosen sich als unfruchtbar und nichtig erweist. All die vielen, die auf der Schattenseite des Lebens standen, die scheinbar umsonst sich eingesetzt und Verfolgung erlitten haben: Sie sind nicht vergessen und verloren. Auch wenn es niemand beachtet hat, war ihr Leben doch wertvoll und kostbar – es ist im Wissen und Lieben Gottes aufgehoben und wird nun vor aller Augen offenbar.

Lieber Abt Odilo,

ich will noch einmal auf meine Frage nach der Tragfähigkeit großer religiöser Deute-Bilder für unser Sterben, unseren Tod zurückkommen, und zwar in einem weiten, mich fast überwältigenden Zusammenhang. In Ihrem ersten Brief wiesen Sie darauf hin, wie wichtig Ihnen auch das Sterben, Beenden und Neuwerden der Schöpfung, des Kosmos, ja der *Geschichte* insgesamt sei. Und in der Tat: Jene Bilder in Worten, Zeichen und vor allem auch in der Musik, die uns unsere Tradition zu Sterben und Tod von Anfang an überliefert, thematisieren das große Gericht, die Heimholung der Schöpfung, katastrophisch kosmische Ereignisse und die Wandlung der alten Erde in eine neue Schöpfung – am Ende der Zeiten: Das Kommen des endzeitlichen Messias soll ein Ereignis mit kosmischen Dimensionen sein. Sein richtendes Walten soll auch die Opfer der Geschichte rehabilitieren und ins Erlösungslicht führen. Wahrlich gigantische Hoffnungsbilder für eine geschundene Welt!

Nur an *ein* textliches Zeugnis voller dramatischer Motive möchte ich erinnern, eine Inspiration über die Jahrhunderte für Musik und Literatur, ein exemplarischer Beleg für die Wucht, Gewalt *und* Zartheit überkommener Todes-Bilder. Das »Dies irae« der Totenmesse spielt souverän mit allen schrecklich-schönen Bestandteilen traditioneller Todesfurcht und umfassender Hoffnung auf jenseitiges Erbarmen. Wenn ich beispielsweise Guiseppe Verdis Requiem höre, pocht das vernehmende Herz mit den Schlägen des Zusammenbruchs, stockt der Atem im Erstarren der Schöpfung und des verzagten Einzelnen vor dem Vollender und hoffentlich gnädigen Richter.

Ich bleibe dabei: Gut, dass es diese Bilder gab – trotz ihrer grausamen Angstszenerie und ihres hohen Schreckenspotenzials. Denn sie verknüpfen menschliche Urängste, panische Gefühlsattacken angesichts von Sterben und Tod mit Aussichten auf höchste Herrlichkeit und unendlichen Trost. Und diese Gefühldramen existieren auch heute: Wie aber dürfen sie sich äußern? So bedauere ich das schlichte Verschwinden des »Dies irae« aus der Sterbeliturgie, auch wenn diese hochambivalenten Angstmacher in Geländer-Bilder zu transformieren wären, die uns tragen könnten.

Ich gestehe Ihnen, lieber Abt Odilo, dass mir Ihr Anliegen einer Rehabilitierung der Schöpfung und der Geschöpfe am Ende zwar einleuchtet, mich aber dennoch ratlos zurücklässt. Wenn dies alles mehr meint als einen religiösen Sprachmantel für ökologische Krisen und vom Menschen veranstaltete, wahrlich gigantische Zerstörungen, dann brauchen wir neue, uns Heutige überzeugende Landkarten des Ewigen und damit die »Rettung« solch geschichtlicher, sprich kosmologischer Horizonte unseres Sterbens und Todes. Wie könnte das in treffsicherer Sprache geschehen? Wie könnte dabei – Sie weisen darauf hin – auch mein ganz individueller Weg geweitet und umfassende Gerechtigkeit für alle geglaubt, formuliert und eingeklagt werden?

6

Lieber Winfried Nonhoff,

Sie erwähnen wiederholt, wie viel Angst die Vorstellung des letzten Gerichtes uns Menschen gemacht hat. Ist es nicht ein Szenario des Schreckens, dass wir auf vielen Darstellungen des Jüngsten Gerichtes sehen? Auch etwa in der Sixtinischen Kapelle, wo die Gestalten zur Linken des Weltenrichters in die Qualen der Hölle stürzen? Aber »Gericht« bedeutet nicht so sehr Strafe, sondern ein Zurechtrücken und Aufrichten in die volle Wahrheit hinein. Diese Wahrheit zu erkennen, auch in Bezug auf mein eigenes Leben und Wirken, mag durchaus ein tiefer Schmerz, eine zutiefst erschütternde und beschämende Erkenntnis sein. Ich werde es als Gericht empfinden, wie Gott die ganze Wahrheit meines Lebens sieht, wie furchtbar es ist, dass ich seine Liebe abgewiesen habe. Aber zugleich wird es mich beschämen, wie ich vor den Augen der anderen dastehe, die sehen, was ich vor ihnen verborgen habe. Jesus sagt ja einmal zu Petrus und den Aposteln, dass sie, die ihm nachgefolgt sind, bei der Neuerschaffung der Welt »auf zwölf Thronen sitzen und die zwölf Stämme Israels richten werden« (Matthäus 19, 28). Da gelten andere Maßstäbe als die dieser Welt. Viele, die jetzt die Ersten sind, werden die Letzten und die Letzten die Ersten sein.

Zunächst schien es mir früher immer befremdlich, dass da auch Menschen über mich urteilen und richten. Aber es leuchtet mir durchaus ein, dass Menschen, die vielleicht viel schlechtere Bedingungen hatten als ich und doch dem Herrn ganz anders nachgefolgt sind, zugleich ein Gericht für mich sind. Freilich dürfen wir hoffen, dass eben solche Erkenntnis uns läutert, reinigt und offen macht für die unendliche Barmherzigkeit Gottes. So ist nicht nur der Blick auf mein eigenes irdisches Ende, sondern auch der Blick auf die Vollendung aller Geschichte gut und hilfreich. Ich werde mir meiner Verantwortung in der Geschichte bewusst, meines Beitrags für das Geschehen in Gesellschaft und Politik, in Wirtschaft und Kultur, in Kirche und Welt. Und ich kann mit diesem Blick auf die Vollendung trotz aller furchtbaren, grausamen, entsetzlichen Geschehnisse doch voller Hoffnung und wacher Bereitschaft in dieser Welt leben.

Umberto Eco äußert einmal: »Nur wenn man einen Sinn für die Richtung der Geschichte hat ..., kann man die irdische Wirklichkeit lieben und glauben, dass noch Platz für die Hoffnung ist. Wenn es diese Hoffnung nicht gibt, wäre es gerechtfertigt ..., uns vor die Mattscheibe zu setzen und zu warten, dass uns jemand unterhält, während die Dinge laufen, wie sie sind.«

Ende der Geschichte – das bedeutet die Erhellung der vielen Dunkelheiten. Es ist nicht gleichgültig, wie wir Menschen uns verhalten haben, was wir beigetragen haben, damit die Richtung der Geschichte sich in rechter Weise vollzog. Weil es nicht beliebig und gleichgültig ist, wie Geschichte verläuft und zu Ende geht, bedarf es des Gerichts der Gerechtigkeit. Wer einfach die Dinge laufen ließ und nur zuschaute, wer nur nach dem eigenen Gutdünken und Vorteil gelebt, wer sich allen Anforderungen der Geschichte, aller Hilfsbedürftigkeit anderer Menschen verschlossen hat, dem wird irgendwann, und sei es am Tag des Gerichts, aufgehen, wie verkehrt und sinnlos sein Leben war. Mit Recht erinnern Sie an die gewaltige Sprache mittelalterlicher Liturgie, etwa an die Sequenz des »Dies irae«. Es ist der Tag des Zorns, wenn der Richter kommt und offenbart, wie furchtbar das Nein zur Liebe Gottes sich ausgewirkt hat: Unbarmherzigkeit, Wut und Zorn fallen auf den Menschen selbst zurück. Das ist die Konsequenz von Unrecht und Rücksichtslosigkeit.

»Quidquid latet apparebit« – nichts bleibt verborgen. »Nil inultum remanebit« – nichts bleibt ungesühnt. Das ist Gericht, Verdammnis, Hölle: Es wird deutlich, was das Nein zu Gott, zum Leben, zur Liebe, zum Sinn der Schöpfung bedeutet. Dieses Nein ist ein Verfall an das Nichts, aus dem die Schöpfung zum Dasein erhoben ist. Es ist die quälende Erkenntnis, dieses

Nichts gewählt zu haben. Es ist der zerreißende Zwiespalt, nur durch den sein zu können, gegen den man sich entschieden hat. Das ist furchtbare Höllenqual. Freilich ist da der Gute, der Gütige schlechthin, den man um Verzeihung bitten darf, auch wohl noch in dieser Stunde des Gerichtes: »Pie Jesu Domine« – Lieber Herr Jesus, erbarme dich des Menschen, gib den Verstorbenen den Frieden, das Ruhen in dir.

Ich denke, dass wir das Gericht ernst nehmen müssen, wie Gott die Freiheit des Menschen ernst nimmt. Die Möglichkeit des furchtbaren und tödlichen Neins zu dem, der das Sein selber ist, muss freilich nicht ausschließen, dass die Liebe des Allmächtigen das Nein des Geschöpfes umfängt und überwindet, durch einen schmerzlichen, läuternden Prozess hindurch. Nicht als sichere Erwartung, aber als eine zu erhoffende Möglichkeit – weil wir ja Gott keine Grenzen setzen können – dürfen wir wohl mit dem großen Theologen Hans Urs von Balthasar auf die alles versöhnende Liebe Gottes vertrauen. Origines hatte das Wort der Apostelgeschichte

»apokatastasis panton« (3,21), die Wiederherstellung von allem, aufgegriffen.

Wie man das Bedrohliche der Endzeit, das Furchtbare menschlicher Verirrung und die Angst vor dem Endgericht ernst nehmen und doch auf ein gutes Ende hoffen kann, zeigt sich mir in Carl Orffs letztem großen Werk, dem Spiel vom Ende der Zeiten, *De temporum fine comoedia*. Da ertönt das vielfältige »Wehe« im Blick auf das ewige Feuer aus dem Mund der Sibyllen. Und am Ende aller Zeiten nimmt der Chor dieses Wehe auf: Angst, Furcht, Grauen, Schrecken und Entsetzen ergreifen alle. Aber am Ende kann die Stimme der Welt rufen: »Venio ad te. Tu paraclitus es et summus finis« – ich komme zu dir. Du bist der Tröster und das letzte Ziel. »Summus finis« steht auf der Grabplatte dieses großen Komponisten, der in der Schmerzhaften Kapelle der Andechser Kirche sein letztes Daheim gefunden hat.

Lieber Abt Odilo,

ich muss von den fast den Atem raubenden, die neue Welt nach endzeitlicher Drangsal ausmalenden Wegen ins Ewigen wieder zu mir vertrauteren Erfahrungen und meinen doch stark individuell ansetzenden Todes-Gedanken zurückkehren. Es vertieft sich mein Wunsch, im *Einverständnis* mit diesem Leben-Sterben-Tod weiterzugehen. Ich hoffe weiterhin, dass unsere Sterbe-Bereitschaft wachsen kann, dass so – wenn auch in riskanter Vorwegnahme – eine gewisse Entdramatisierung des letzten Weges eingeübt werden kann. Könnten Sie sich vorstellen, dass wir Menschen mit unserem Ende »einverstanden« sein könnten? Nicht nur, um übergroßen Schmerzen und tiefem Leiden endlich zu entfliehen, sondern auch aus Dankbarkeit für gelebtes Glück, für ausgekostetes Leben, in Zufriedenheit mit einem kürzeren oder längeren Lebensweg: »Nun lässt du, Herr, deinen Diener scheiden, denn meine Augen haben ... das Licht gesehen« (Lukas 2,29ff) – nicht nur am Ende, sondern im Gang der Jahre immer wieder. Könnten wir heute und einst sprechen, flüstern: »Es ist genug«? Nicht nur, weil wir fertig sind oder fertig gemacht wurden, sondern weil wir im Einklang mit unserer besonderen, uns allmählich immer bewusster werdenden Lebendigkeit unseren Weg gehen: Sie kennt doch Tag für Tag das Sterben und erhält uns in allen Wandlungen.

Dahinter steht eine mächtige Hoffnung, letztlich nicht beweisbar, aber vielleicht doch existenziell einholbar und »plausibel« zu machen. Verwandlung bleibt nicht allein ein Hoffnungs-Ahnen für unser Ende. Verwandlung durchprägt – oft genug Grund tiefer Freude und heftiger Verunsicherung – meine tägliche Biografie, den Lauf der Natur, den Wechsel im Jahreskreis, das Auf und Ab menschlicher Beziehungen. Immer stirbt etwas, um neu zu werden:

Hier öffnet sich ein durchaus nachvollziehbarer, heutiger, überindividueller Zugang zum Tod. Eine Verstehenshilfe, die der angesprochenen Entdramatisierung und Befreundung mit Sterben und Tod entgegenkommt.

Lieber Abt Odilo, dieses Geheimnis aller Wandlung erlebe ich auch im Gottesdienst: Feiern wir nicht in Eucharistie und Abendmahl die Präsenz des Ewigen, des Lebendigen im Tod, die liebende Nähe des Christus im Jetzt? ER ist da, ER geht in uns ein: Wahrlich ein tröstliches Geländer-Bild, wie ich es mir schöner und klarer kaum ausmalen kann! Ein Weg ins Ewige im Hier und Jetzt!

Und doch höre ich auch noch nach so viel Trost wieder die zaghafte, aber deutliche Mahnung: Verharmlose jenen großen Abschied am Ende, den Tod, nicht! Es ist mit einem »ganz anders«, mit dem »ganz Anderen«, auch da zu rechnen. Unser Zittern und Zagen dürfen und werden bleiben.

Dennoch: Das Hoffnungs-Bild, in meiner Lebendigkeit, ihrem Geheimnis, ihrem atmenden Kommen und Gehen den Gott des Lebens zu »erkennen«, mag zu funkeln beginnen; es zieht mich an und will seine Kraft entfalten. »Erkennen« heißt lebenslanges, liebendes Erfassen der inneren Ausrichtung meines Daseins. Wäre das eine Art christlicher Einweihungsweg in Sterben und Tod, ins Ewige? Wie müssten mitteilbare Worte beschaffen sein, die in den überwältigend schönen und abgründig schrecklichen Wandlungs-Augenblicken meiner Biografie den *Ewig Lebendigen* benennen? *Ihm* sich zu überlassen, »seinen Willen« geschehen lassen, sind andere Worte für jenes demütige Einverständnis im Hier und Jetzt: Das wohl meinte ich, als ich Ihnen von einem Befreundungs-Training mit dem Tod schrieb.

7

Lieber Winfried Nonhoff,

in der so rasch vergehenden Zeit suchen wir nach dem Ewigen. Sie umkreisen in Ihren Briefen immer wieder Ihre Sehnsucht nach einem Einverständnis mit dem Leben- und Sterben-Müssen. Und Sie erwähnen auch, dass bei der Feier der Eucharistie, bei der wir uns ja öfter begegnen dürfen, ein solches Einverständnis angezielt wird. Ja, ich denke: Die rechte Mitfeier der Eucharistie ist für den Christen die entscheidende Hilfe, Leben und Sterben des Menschen zu deuten und anzunehmen. Wir begegnen einem Bleibenden in aller Vergänglichkeit und verraten dabei doch nicht unsere geschichtliche Situation, unsere Aufgabe in der Zeit. Da wird ja in dieser Feier geschichtliche Vergangenheit gegenwärtig: der Weg des Volkes Israel durch die Geschichte, seine Befreiung aus der Knechtschaft und sein Zug in die Freiheit, Erinnerung und Zukunftshoffnung, gefeiert im Paschafest. Und die Erfüllung aller Sehnsucht von Mose und den Propheten, auch die Sehnsucht des irdischen Jesus, wird Ereignis im Abschiedsmahl, das auch Jesu Sterben und Auferstehen in sich birgt.

In unserer Basilika St. Bonifaz in München ist dies für mich besonders gut sichtbar. Um den Altar in der Mitte des Raums dürfen wir uns als Mitfeiernde im Kreis versammeln. In den Tafelbildern von Peter Burkart an den Seitenwänden leuchtet auf, was wir da feiern. Auf der Westseite ist der Lanzenstich zu sehen, der Jesu Tod besiegelt und das neue Leben für uns entspringen lässt. In den alttestamentlichen Bildern zu beiden Seiten wird der Lebensstrom des Ursprungs, werden die vier Flüsse des Paradieses gegenwärtig, und in der Wüste entspringt die Wasserquelle aus dem Felsen, den der Stab des Mose berührt. Auf der Ostseite ist das Brotbrechen von Emmaus dargestellt: Die Jünger erkennen den Herrn als den Lebendigen, den Auferstandenen. Hier deuten die beiden alttestamentlichen Seitenbilder das Wirken Gottes im Mahl an: Abraham und Sara reichen den drei Fremden die Speise und erfahren die Gegenwart Gottes und seine Verheißung. Elija wird in der Wüste genährt, um aus der Todesmüdigkeit aufbrechen zu können zur Gottesbegegnung auf dem Berg Horeb. Auf der Nordseite wird der Blick auf das Lamm gerichtet, auf die Einladung zum endzeitlichen Hochzeitsmahl des Lammes. Vorgebildet ist dies durch die alttestamentlichen Seitenbilder, die Jakobsleiter, die Himmel und Erde verbindet, und Davids Harfenspiel und Tanz vor der Bundeslade.

So verkünden wir den Tod Jesu, so preisen wir seine Auferstehung, so erwarten wir sein Kommen in Herrlichkeit. Das Ganze der Heilsgeschichte ist gegenwärtig. Ihr Herr, der Ewige, ist in unserer Mitte. Auf der Südseite unserer Kirche blicken wir auf den Rücken des großen, von Friedrich Koller geschaffenen Mitteltores, das hinausweist auf die Straßen der Stadt. Da sind Gestalten menschlichen Elends zu sehen, Arme und Kranke, Obdachlose und Gefangene,

Hungernde und Dürstende: jene Geringsten, in denen uns Jesus begegnen will. Die Gestalten aus einfachem Tannenholz geben in ihren Umrissen einen Blick auf den Goldgrund frei, der das Göttliche in jedem unserer Brüder und Schwestern andeutet. Die Gegenwart des Ewigen in unserer Mitte lässt uns also nicht unser irdisches Dasein, unsere geschichtliche Aufgabe vergessen.

An die geschichtliche Aufgabe erinnern auch zwei Seitenbilder an dieser Südseite, die Patrone unseres Ordens und dieser unserer Kirche: Benedikt und Bonifatius. Benedikt gibt einem einfachen Mönch die Sichel zum Arbeiten zurück und sagt: »Nimm, arbeite und sei nicht traurig.« Durch die Arbeit, die ehrfurchtsvolle Gestaltung der Welt wird Gott verherrlicht. Bonifatius hält das Evangelienbuch in der Hand, um es den Menschen zu zeigen, um die frohe Botschaft aller Kreatur zu verkünden.

Für die Auseinandersetzung mit unserem Sterben ist vielleicht ein Gang hinab in unsere Krypta von St. Bonifaz hilfreich. Da liegen verstorbenen Mitbrüder begraben, die ich noch kannte und schätzte. Aber viele Grabkammern sind auch noch leer. Ich kann mir vorstellen, wie einmal der Sarg mit meinem Leichnam in eine von diesen Kammern hineingeschoben wird. So kann ich in die Verbundenheit mit unseren Verstorbenen die Gewissheit des eigenen Todes mit einbeziehen. Hilfreich ist mir dabei eine große Betonplastik von Christine Stadler, eine Pietá, also eine Mariengestalt mit dem Leichnam Jesu. Die Skulptur zeigt einen Stamm mit Stufen, die nach oben führen, hinein in einen großen goldenen Kreis. Unsere Aufstiege brechen ab, aber sie führen hinein in den Kreis der ewigen Herrlichkeit. Maria hält den Leib des durchbohrten Herrn, der freilich schon hineinzuschreiten scheint in den Glanz der Auferstehung. Sie zeigt ihn uns und nimmt ganz seine Haltung an. Das ist Aufgabe von uns allen, Aufgabe der ganzen Kirche.

Die Feier der Eucharistie und die Betrachtung der Bilder unserer Basilika lenken mein Sinnen auf das Ganze der Geschichte, auf den großen Zusammenhang, in dem unser kleines irdisches Leben steht. Im Wortgottesdienst nehme ich die Botschaft Jesu auf, einst zu den Menschen in Palästina und heute zu uns gesprochen.

Ich sage Ja dazu, zu einem Anruf, der gerade mich in meiner Situation trifft und zugleich die ganze Menschheit meint. Gemeinsam mit allen Anwesenden und allen Generationen bekenne ich mich im Credo zum Ganzen der Geschichte Gottes mit uns Menschen – vom Ursprungssegen der Schöpfung hin zur Befreiungstat Christi und zum Wirken seines Geistes in der Welt, und darüber hinaus zur Verwandlung alles Irdischen hinein in die ewige Gemeinschaft mit Gott.

Und mit diesem Ewigen darf ich mich verbinden, wenn in der Eucharistiefeier die heiligende Hingabe Jesu gegenwärtig wird und ich ihn aufnehmen darf im Mahl.

Anfanghaft, bruchstückhaft kann ich erahnen, was Paulus meint, wenn er vom Sterben und vom Auferstehen mit Christus spricht: »Wir wurden mit ihm begraben durch die Taufe auf den Tod; und wie Christus durch die Herrlichkeit des Vaters von den Toten auferweckt wurde, so sollen auch wir als neue Menschen leben.« (Römerbrief 6,4)

Wohin gehen wir?

Wiederholt war in diesen Briefen von der Notwendigkeit klärender, tragender, auch tröstender Bilder für unsere lebenslangen Wege zum Ewigen die Rede. Vor solchem Horizont mag die Schwermut angesichts des Todes lebbarer werden, weil wir mit ihm, unserem Bruder, Schritt für Schritt vertrauter werden. Wenn das Ziel unserer Wege in den Blick genommen wird, sind wir auf jene Spuren angewiesen, die in der bildenden Kunst, in Dichtung und Musik, in Träumen und auch in Gebet und Liturgie gelegt sind. Anderes Wissen ist gefragt, damit Unsagbares sagbar wird. Mit zwei solchen Ausblicken auf unser Wohin wollen wir schließen.

Abt Odilo Lechner

Unter vielen Beerdigungen ist mir eine besonders in Erinnerung geblieben: die von Eugen Roth 1976 auf dem Nymphenburger Friedhof. Er war mit unserem Kloster St. Bonifaz von Kindheit an freundschaftlich verbunden. Bevor wir aus der Aussegnungshalle zum Grab zogen, hörten wir aus dem Lautsprecher seine Stimme mit dem Gedicht »Trost«, das mehr als etwa meine Predigt den Blick auf das Ziel aller irdischen Wege lenken konnte:

Trost

Du weißt, dass hinter den Wäldern blau
Die großen Berge sind.
Und heute nur ist der Himmel grau
Und die Erde blind.

Du weißt, dass über den Wolken schwer
Die schönen Sterne stehn,
Und heute nur ist aus dem goldenen Heer
Kein einziger zu sehn.

Und warum glaubst du denn nicht auch,
Dass uns die Wolke Welt
Nur heute als ein flüchtiger Hauch
Die Ewigkeit verstellt?

Winfried Nonhoff

Noch heute steht in meinem Kalender für jedes Jahr der Todestag einer viel zu früh verstorbenen, mir befreundeten Kollegin. Mit ihr ging auch ihre Tochter, mit der sie schwanger war. Am Ende der berührenden Aussegnungsfeier erklang der Abschlusschoral aus der Johannespassion von Johann Sebastian Bach: Er ist mir Trost und Hoffnung. Kindlich könnten wir uns – so jedenfalls die Überredungskraft der Musik – auf das Gnadenglück danach und unsere letzte Wandlung freuen:

Ach, Herr, lass dein lieb Engelein
am letzten End die Seele mein
in Abrahams Schoß tragen.
Den Leib in seim Schlafkämmerlein
gar sanft, ohn einge Qual und Pein,
ruhn bis zum Jüngsten Tage!

Alsdann vom Tod erwecke mich,
dass meine Augen sehen dich
in aller Freud, o Gottes Sohn,
mein Heiland und Genadenthron!
Herr Jesu Christ, erhöre mich,
ich willen dich preisen ewiglich!

Bibliographische Information der Deutschen Nationalbibliothek
Die Deutsche Nationalbibliothek verzeichnet diese Publikation in der Deutschen Nationalbibliographie. Detaillierte bibliographische Daten sind im Internet über http://dnb.d-nb.de abrufbar.

MIX
Papier aus verantwortungsvollen Quellen
FSC® C014889
FSC
www.fsc.org

Der Abdruck des Gedichtes »Trost« von Eugen Roth (Seite 93) erfolgt mit freundlicher Genehmigung von Thomas Roth.

1. Auflage 2013

Lektorat: Dr. Ulrike Strerath-Bolz
Umschlaggestaltung: bürosüd, München
Umschlagmotiv: mikeimages, GettyImages
Druck und Bindung: Friedrich Pustet KG, Regensburg
ISBN 978-3-89680-823-3

www.vier-tuerme-verlag.de